내 이름은 **제인 구달**

로저를 위해
— J.W.

THE WATCHER: Jane Goodall's Life with the Chimps
by Jeanette Winter

Copyright ⓒ 2011 by Jeanette Winter
Korean Translation Copyright ⓒ 2011 by Dourei Publication Co.
All rights reserved.
This Korean edition was published by Dourei Publication Co. in 2011 by arrangement with Jeanette Winter c/o Writers House LLC, New York through KCC(Korea Copyright Center Inc.), Seoul.

이 책의 한국어판 저작권은 (주)한국저작권센터(KCC)를 통해 저작권자와 독점 계약한 도서출판 두레에 있습니다.
저작권법에 의해 한국 내에서 보호를 받는 저작물이므로 무단 전재 및 복제를 할 수 없습니다.

이 책에 나오는 인용문은 제인 구달의 자서전 『내 피 속의 아프리카(Africa in My Blood)』와 『침팬지와 함께한 나의 삶(My Life with the Chimpanzees)』에서 가져왔습니다.

두레아이들 생태 읽기 ②

내 이름은 제인 구달

지네트 윈터 글·그림 | 장우봉 옮김

"제인, 제인, 어디 있니?"
"제인, 내 말 들리니?"
사람들은 몇 시간째 어린 제인 구달을 찾아 헤매고 있었습니다.

땅거미가 질 무렵, 제인이 닭장에서 지푸라기투성이로 뛰쳐나오며 엄마에게 소리쳤습니다.
"달걀이 어떻게 나오는지 알았어요!"
다섯 살에 제인은 벌써 관찰자*가 되어 있었습니다.

* 관찰자: 사물이나 현상을 주의하여 자세히 살펴보는 사람.

제인은 주변의 모든 동물들을 주의 깊게 살펴보았습니다.
지렁이, 곤충, 새, 고양이, 개는 물론 말까지
동물이 크든 작든 상관없었습니다.

어느 날 창문으로 날아든 영국 개똥지빠귀를 제인은 몇 날 며칠
가만히 바라만 보았습니다. 개똥지빠귀는 제인에게 조금씩 조금씩
다가오더니, 제인의 방까지 들어와 침대 밑에 떨어진
과자 부스러기를 먹기도 했습니다.
봄이 오자 개똥지빠귀는 아예 제인의 책장에 둥지를 틀었습니다.

제인은 자신이 가장 좋아하는 너도밤나무 높은 가지에 걸터앉아,
동물들과 이야기를 나누는 두리틀 의사와, 아프리카에서
원숭이들과 함께 살아가는 타잔의 이야기를 읽었습니다.
제인도 아프리카에 가고 싶었습니다.
동물들과 이야기를 나누고, 원숭이들과 함께 지내고 싶었습니다.

학교를 졸업한 뒤 제인은 케냐로 가기 위해 열심히 일하며
돈을 모았습니다.
이렇게 모은 돈은 거실 양탄자 밑에 안전하게
숨겨 놓았습니다.

대서양을 건너는 배의 갑판에 서서 세차게 불어오는 찬바람에도
아랑곳없이 제인은 출렁이는 파도를 바라보았습니다.
바다는 서로 다른 갖가지 푸른빛과 초록빛을 띠었고,
물고기들은 이 어두운 물속에서 별처럼 밝게 빛났습니다.

제인은 아프리카 땅에 첫발을 내디디며,
기쁨에 겨워 눈을 살며시 감았습니다.

제인은 동물들과 함께할 수 있는 일을 찾아다녔습니다.

세계적인 과학자 루이스 리키 박사가 마침 우리 인간과 가장 가까운
동물인 침팬지를 관찰하고 연구할 수 있는 사람을 찾고 있었습니다.
제인이 이 일에 관심이 있었을까요?
그럼요, 물론이죠!

제인은 침팬지들이 살고 있는 탄자니아의 곰베 국립공원으로
길을 떠났습니다.
"지금까지 그 누구도 알 수 없었던 것들을 알아내고, 비밀들을
밝혀 내고 싶었어요."
제인은 나중에 이렇게 썼습니다.

제인은 사람들이 사는 곳에서 아주 멀리 떨어진 곳에
텐트를 쳤습니다.

첫날 밤, 제인은 뜬눈으로 지새우며 가만히 누워서
새로운 자연의 소리들을 들었습니다.
개구리들과 귀뚜라미들 우는 소리,
하이에나 웃음소리,
올빼미 울음소리…….
제인은 하늘의 별들을 올려다보았습니다.
그리고 이곳이 자신의 집이라는 것을 깨달았습니다.

동틀 무렵 제인은 숲 속으로 걸어 들어갔습니다.
높은 산등성이에 오르니 멀리 내려다볼 수 있는 산봉우리들이 보였습니다.
제인은 침팬지들을 찾기 위해 날마다 산꼭대기에 올랐습니다.

하지만 침팬지들이 서로를 부르는 팬트-후트* 소리만 들려올 뿐
그들의 모습은 보이지 않았습니다.

*팬트-후트(pant-hoot): 침팬지들이 멀리 떨어져 있을 때 서로의 존재를 알리는 소리.

제인은 숲 속으로 걸어 내려갔습니다.
침팬지가 나타나기를 기대하면서 말이죠.

침팬지들은 여전히 경계하며 모습을 드러내지 않았습니다. 침팬지들은 숨어서 몰래 제인을 관찰했습니다.
'언제쯤이면 침팬지들을 볼 수 있을까?' 제인은 궁금했습니다.

그러던 어느 날 제인은 말라리아에 걸려 앓아누웠습니다.
몸은 불덩이처럼 뜨거웠고, 희망을 잃은 채 텐트에
누워 있어야 했습니다.

하지만 몸의 열이 가시자마자 또다시 제인은
침팬지들과 가까워지려고 애를 썼습니다.
몇 주, 그리고 몇 달이 지나고, 어느 날 침팬지들은
제인이 자신들을 쳐다보는 것을 허락했습니다.
제인은 침팬지들의 뒤에서,
결코 나무 뒤에 숨지 않고,
침팬지들에게 관심 없는 척하며,
조용히 침팬지들을 관찰했습니다.

이제 제인은 날마다, 하루 종일,
비가 세차게 퍼붓는 날에도 침팬지들을 지켜보았습니다.
인간들과 달리 침팬지들은 비가 와도 피할 곳을 찾지 않고
비를 그대로 맞았습니다.
그래서 제인은 이런 모든 것들을 기록했습니다.
"동물들을 알고자 한다면 참을 줄을 알아야만 한다."

어떤 날은 산꼭대기에서 잠을 잤습니다.
침팬지들이 자는 나무 가까운 데 있으려고 말이죠.
제인은 새벽에 일어나, 침팬지들이 잠자리에서 천천히
일어나서 잠시 앉아 있다가 먹이를 찾으러
자리를 뜨는 걸 관찰했습니다.

제인은 침팬지들에게 이름을 지어 주었습니다.
제인에게 침팬지 한 마리 한 마리는 모두 달랐습니다.
우리 인간들처럼요.
제인에게 처음 다가온 침팬지는 회색 수염이 난 침팬지였습니다.
이 침팬지에게 제인은 데이비드 그레이비어드라는 이름을 붙여 주었습니다.

"데이비드 그레이비어드는, 그래,
내 손에 있는 바나나를 가져갔다. 아주 점잖게.
홱 잡아채지 않고." 제인은 이렇게 썼습니다.

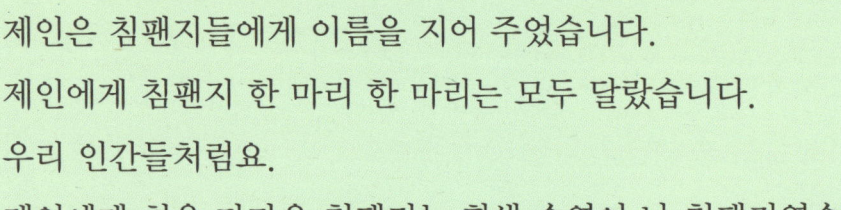

데이비드 그레이비어드는 제인이 가까이 다가와도 그냥 두었습니다.
제인은 데이비드가 흰개미를 잡기 위해 나뭇가지로 도구를 만들어
구멍을 파는 걸 지켜보았습니다.
이 일이 있기 전까지는 야생동물이 도구들을 사용한다는 사실을
아무도 몰랐습니다.

제인은 데이비드가 고기를 먹는 것도 보았습니다.
이전까지 모든 사람들은 침팬지들이 오로지 식물만 먹는다고
생각했습니다.

데이비드가 제인을 믿게 되자 이제 다른 침팬지들도
제인이 가까이 다가오는 것을 허락했습니다.

"침팬지들이 모두 나를 둘러싸고 있다. 가까이 있는 침팬지들, 멀리 떨어진 침팬지들, 나이 많은 침팬지들, 젊은 침팬지들, 암컷들, 어린 침팬지들, 아기 침팬지들 모두. 매우 멋진 날이다."
제인은 그날을 이렇게 기록했습니다.

제인은 침팬지들이
행복해 하는 모습을 관찰했습니다.

침팬지들은 서로 손을 잡고, 껴안고,

뽀뽀를 하고, 활짝 웃었습니다.
그들은 인간들과
하나도 다를 바가 없었습니다.

제인은 침팬지들이 화가 나거나 두려울 때
털을 빳빳이 세우는 걸 보았습니다.

그리고 침팬지들이 으스대며 걷고, 성질을 부리고,
슬슬 피하는 모습도 보았습니다.

제인은 카콤베 폭포에서 침팬지들을 관찰했습니다.
무섭게 떨어지는 폭포의 물 위에서 침팬지들이 펄쩍펄쩍 뛰어오르고,
줄을 타는 모습은 놀랍고 신기했습니다.

제인은 저녁에 콩과 토마토와 양파를 먹고 나서,
모차르트와 바흐의 음악을 들으며 그날 일을 기록했습니다.
해가 갈수록 제인의 공책은 텐트 안에 가득 쌓여 갔습니다.
제인은 도움이 필요했습니다.
그래서 제인과 같이 관찰하고 기록을 도와줄
사람들이 왔습니다.

하지만 어느 날 제인은 슬프게도 곰베를 떠났습니다.

아프리카 곳곳에서 나무들이 베이고 숲이 파괴되면서,
침팬지들은 살 곳을 잃어 가고 있었습니다.
밀렵꾼들은 다 자란 침팬지들을 총으로 마구 죽이고,
어린 침팬지들은 잡아다가 실험용으로, 서커스용으로,
그리고 애완용으로 팔아 넘겼습니다.

제인이 사랑하는 침팬지들은 지금 멸종될 위기에 놓여 있습니다.
그래서 침팬지들에게는 자신들의 이야기를 대신 들려주는
제인이 꼭 필요했습니다.

제인은 친구들과 헤어지는 게 몹시 싫었지만,
지금은 떠나야만 한다는 것을 알고 있었습니다.
제인은 전 세계의 큰 도시들은 물론 작은 마을들까지 찾아다녔습니다.
달을 넘기고 해를 거듭하며 제인은 숲과 침팬지들을 구할 수 있게
도와 달라고 간절히 말했습니다.

제인은 시간이 날 때마다 곰베의 숲을 다시 찾아갔습니다.
그리고 산에 올라,
강과 언덕과 나무 들에게 "안녕!" 하고 인사를 했습니다.
그럴 때마다 늘 데이비드 그레이비어드가 제인의 곁을 함께했습니다.

제인은 침팬지 친구들의 팬트-후트 소리를 다시 들으며
그들을 바라보았습니다.

그리고 침팬지들의 이야기를 대신 들려주기 위해 문명사회로 돌아올 때,
제인은 숲의 평화로움도 함께 가져왔습니다.

제인은 곰베의 숲에서
두리틀 의사처럼 동물들과 이야기를 나누었고,
타잔처럼 무서워하지 않으며 걸었고,
모든 것을 관찰하고 기록으로 남겼으며,
침팬지들의 세상을 들여다볼 수 있는 문을
우리 앞에 활짝 열어 놓았습니다.

지은이의 말

제인 구달은 영국에서 태어나 자랐지만, 늘 아프리카에서 사는 걸 꿈꾸었습니다. "나는 우리에 갇힌 동물들이 아니라 자연에서 자유롭게 살아가는 동물들을 관찰하고 싶었어요." 제인 구달은 훗날 이렇게 말했습니다.

아이들을 위한 짧은 이 책에서는 오로지 제인이 스스로 일구어낸 일들을 중심으로 이야기를 들려주고 있습니다. 그래서 제인의 결혼 생활, 제인의 아들, 그리고 제인 어머니의 변함없는 지원 같은 이야기는 다루지 않았습니다. 제인이 탄자니아에 있는 침팬지를 연구하기 위해 곰베 강 침팬지 보호구역에 도착한 것은 스물여섯 살 되던 해인 1960년이었습니다. 아직 어리기만 해 보였던 제인을 위해 제인의 어머니가 곰베로 함께 왔습니다. 하지만 제인의 어머니는 곧 다시 영국으로 돌아갔습니다. 제인이 자기 스스로를 잘 돌볼 수 있다는 걸 알았기 때문입니다. 그렇게 제인의 인생에서 가장 중요한 연구가 시작되었습니다.

제인은 침팬지들이 받아들일 수 있도록 자신을 '하얀 원숭이'라고 불렀습니다. 끊임없이 참고 노력한 결과 제인은 침팬지들이 태어나서 죽을 때까지 어떻게 살아가는지 그들의 일생을 연구할 수 있었습니다. 그리고 제인의 관찰과 기록 덕분에 동물 세계의 알려지지 않은 많은 비밀들이 밝혀졌습니다.

1986년 제인은 그의 획기적인 책 『곰베의 침팬지들: 행동 양식』과 관련해서 마

련한 회의에 참석했습니다. 이때 제인은 아프리카 모든 곳에서 나무들이 마구 베어지고 침팬지들의 주거지가 파괴되고 있다는 사실을 알게 되었습니다. 그래서 제인은 침팬지 연구를 잠시 그만두고 침팬지들을 살릴 수 있도록 도와달라는 이야기를 하기 시작했습니다. 제인은 지금도 한 해의 대부분을 전 세계를 돌아다니며 침팬지를 비롯한 모든 동물들, 그리고 그들이 사는 곳을 지키기 위해 애쓰고 있습니다.

'하얀 원숭이' 제인은 아프리카에 있으면서 이렇게 썼습니다.

"여기가 내가 있어야 할 곳이다. 이 일을 하기 위해서 나는 이곳에 온 것이다."

그래서 동물들의 왕국은 제인 때문에 점점 더 안전해지고 있습니다.

어린 소녀였을 때 나는 제인 구달과 같은 사람들의 이야기를 읽고 싶었습니다. 그 누구도 하지 못한 일들을 전혀 두려워하지 않고 해내는 용감한 여자들에 관한 이야기 말이죠. 그래서 이 책을 직접 쓰게 되었습니다. 여전히 내게 이런 책을 읽고 싶다고 말하는 그 작은 여자아이를 위해서.

제인 구달에 대해서 더 많은 것을 알고 싶다면 『제인 구달의 내가 사랑한 침팬지』나 『침팬지와 함께한 나의 삶』 같이 제인이 직접 쓴 책들을 읽어 보세요. 그리고 제인 구달의 홈페이지에 들어가면 더 많은 정보들이 여러분을 기다리고 있습니다.

www.janegoodall.org

추천하는 말

이 책을 자녀에게 권하는 부모님들께

제인 구달 박사의 꿈은 어려서부터 평범하지 않았습니다. 동물과 자연, 생명에 대한 호기심도 남달랐습니다. 결국 아프리카에서 동물들과 함께 살겠다는 꿈을 이루었고, 세계적인 침팬지 연구가가 되었습니다. 하지만 지금은 침팬지 연구보다 자연보호, 동물보호를 위해 더 많이 활동하고 있습니다. 사라져 가는 자연을 살리고 싶은 절박한 심정 때문입니다. 그리고 이러한 활동의 하나로, 어린이와 청소년에게 자연에 대한 관심과 사랑을 심어 주기 위해 '뿌리와 새싹' 운동을 벌이고 있습니다.

저희는 '뿌리와 새싹' 프로그램을 통해 만나는 어린이들의 순수한 열정에 놀랄 때가 많습니다. 하지만 때로는 자연이나 환경에 전혀 관심 없는 어린이들을 보고 낙심하기도 합니다. 가장 걱정스러운 것은, 해롭지도 않고 해를 끼칠 수도 없을 만큼 작은 동식물에 대한 편견으로 말미암아 이유 없이 무서워하거나 무시하고 해치는 편협한 행동입니다. 어린이들이 타고난 순수한 마음으로 자연과 생명을 소중하게 여길 수 있도록 하기 위해서는 부모님들이 먼저 열린 마음으로 자연을 바라보는 것이 필요합니다. 생명을 경시하는 어른들 틈에서 자란 어린이들이 생명의 소중함을 알 리 없기 때문입니다.

『내 이름은 제인 구달』은 무모해 보이던 꿈을 이룬 제인 구달 박사의 삶을 어린이들에게 재미있고 이해하기 쉽게 들려주는 책입니다. 아이들의 꿈을 지켜 주는 첫걸음으로 자녀들에게 이 책을 선물해 보세요. 자연과 생명을 소중히 여기는 마음의 문을 열어 주는 첫걸음이 될 것입니다. '뿌리와 새싹'은 어린이들의 꿈을 지켜 주는 부모님들과 제인 구달 박사를 닮고 싶어 하는 어린이들 모두를 응원합니다.

2011년 6월
'뿌리와 새싹' 한국지부

● 제인구달연구소

제인구달연구소(The Jane Goodall Institute)는 야생동물을 연구·교육·보존하기 위해 1977년 세워진 비영리기관입니다. 제인구달연구소는 침팬지 현장 연구를 지원하고 침팬지를 보호하는 사업에서 시작해 차츰 교육, 지역사회 발전, 자연보호, 인도주의를 위한 노력 등 모든 생물이 살기 좋은 세상을 만드는 사업까지 영역을 넓혀 가고 있습니다. 제인구달연구소에서는 서부 탄자니아의 숲을 다시 살리고 보존하기 위한 교육 사업인 '타카르(TACARE)'를 비롯해 동물원 등에 잡혀 있는 침팬지의 생활 환경을 연구하고 개선하기 위한 국제적 사업인 '침팬주(ChimpanZoo)' 등 여러 사업을 운영하고 있습니다.

● 뿌리와 새싹

뿌리와 새싹(Roots&Shoots)은 1991년 제인 구달이 어린이와 청소년을 위해 설립한 환경과 인도주의 교육 사업입니다. 학교에서, 지역사회 동아리에서, 그 밖의 젊은이 모임에서, 뿌리와 새싹 회원들은 모든 동물, 환경, 인간 공동체에 대한 배려와 관심을 촉구하는 계획에 참여하고, 자기들의 실천이 세상에 어떤 변화를 일으키는지 경험하고 있습니다. 뿌리와 새싹 모임은 전세계 120개 이상의 나라에서 유치원부터 대학까지의 젊은이들이 전세계 조직망을 이루고 적극적으로 활동하고 있습니다. 제인 구달 박사는 뿌리와 새싹을 통해 전세계 젊은이들과 중요한 작업을 함께하고 있습니다.

한국의 뿌리와 새싹은 2007년부터 활동을 시작했으며, 이화여대 최재천 석좌교수의 주도 아래 2011년에 정식으로 뿌리와 새싹 사무국을 설립했습니다. 현재 한국의 멸종위기종을 찾아 보호하는 Little Known Littles Project, 환경교육 UCC 제작 등 다양한 사업을 추진하고 있으며, 젊은이들의 참신한 환경사랑 아이디어를 자신의 힘으로 직접 실현할 수 있도록 지원하는 것을 주된 목표로 하고 있습니다. 본부는 이화여자대학교 에코과학부에 있으며, www.rootsandshoots.or.kr에서 더욱 자세한 활동 내용을 볼 수 있습니다.

🌱 옮긴이 **장우봉**

속초에서 태어났습니다. 대학에서 사회학을 공부했고, 지금은 두레출판사에서 어린이와 어른들이 함께 읽으면 좋은 책을 만들고 있습니다. 『혜초의 대여행기, 왕오천축국전』, 『뒤죽박죽』, 『다석 류영모: 우리말과 우리글로 철학한 큰 사상가』, 『폭력 없는 미래』, 『나는 집이 두 개랍니다』(근간) 등의 책을 기획하고 편집했습니다. 모든 아이들이 차별 없이 행복하게 살 수 있는 세상이 오기를 꿈꾸며, 가족과 함께 부천에서 살고 있습니다.

🌱 **내 이름은 제인 구달**

글·그림 지네트 윈터
옮긴이 장우봉
펴낸이 조추자
펴낸곳 두레아이들

1판 1쇄 발행 2011년 7월 25일
1판 7쇄 발행 2018년 8월 30일

등록 2002년 4월 26일(제10-2365호)
주소 서울시 마포구 마포대로 14가길 4-11
전화 02-702-2119, 02-703-8781
팩스 02-715-9420
이메일 dourei@chol.com
블로그 blog.naver.com/dourei

ⓒ 두레아이들, 2011
ISBN 978-89-91550-32-2 77840

* 가격은 뒤표지에 적혀 있습니다.
* 잘못 만들어진 책은 구입하신 곳에서 바꾸어 드립니다.
* 이 도서의 국립중앙도서관 출판예정도서목록(CIP)은 서지정보유통지원시스템 홈페이지(http://seoji.nl.go.kr)와 국가자료공동목록시스템(http://www.nl.go.kr/kolisnet)에서 이용하실 수 있습니다. (CIP제어번호: CIP2011002732)

제인 구달

1934년 영국의 런던에서 태어난 제인 구달 박사는 어렸을 때부터 아프리카 정글을 여행하면서 동물들을 연구하는 것이 꿈이었습니다. 그래서 젊은 나이에 홀로 아프리카로 건너가, 세계적인 인류학자인 루이스 리키 박사를 만나서 침팬지 무리를 연구했습니다. 그때부터 침팬지 연구에 평생을 바쳤습니다. 구달 박사는 침팬지가 도구를 사용할 뿐만 아니라 만들 줄도 알고, 고기를 먹고, 평생 동안 돈독한 가족 관계를 이루며, 사랑과 동정심을 가진 반면 공격성도 갖고 있어 전쟁 비슷한 것도 치른다는 획기적인 사실들을 알아냈습니다. 1965년 영국 케임브리지 대학교에서 동물행동학 박사학위를 받은 구달 박사는 많은 명예 학위를 받았습니다. 또한 알베르트 슈바이처 상, 벤자민 프랭클린 메달 등 많은 상을 받았습니다. 구달 박사는 환경운동가이자 평화운동가로서, 지금은 전 세계를 돌면서 멸종 위기에 놓인 침팬지와 많은 동물들이 사라져 가는 것을 막고, 그들의 서식지를 보호하기 위한 운동을 벌이면서 많은 사람들에게 감동과 희망을 전하고 있습니다. 지은 책으로 『침팬지와 함께한 나의 삶』, 『제인 구달의 내가 사랑한 침팬지』, 『희망의 밥상』, 『희망의 자연』, 『인간의 그늘에서』, 『희망의 이유』, 『제인 구달: 곰베에서 보낸 50년』 등이 있습니다.